as rugosidades

do

caos

luis dolhnikoff

as rugosidades

do

caos

CATRO
QUATRO

Luis dolhnikoff

a imagem do silêncio

"De uma época a outra, a crítica refletirá o que for exigência da época", propõe T. S. Eliot em seu The Use of Poetry and the Use of Criticism. A ideia é bastante contemporânea, apesar de o livro ter sido escrito em 1933. Quando aplicada à poesia, já não mais "antena da raça" (Ezra Pound), devido a uma realidade que frequentemente se antecipa a ela, a crítica consegue às vezes expor certos veios sutis desse fazer poético de que o próprio poeta, não raro, não teria tido consciência: certos "como" que ainda inovam, surpreendem nossa percepção e, nesse caso, a crítica estaria ainda cumprindo sua missão. O método, válido ainda hoje (e per saecula saeculorum, para quem lida com a poesia de outrem), é o da biologia contemporânea (Pound): exame cuidadoso da matéria – sua objetualidade, diríamos hoje – e contínua comparação de uma "lâmina" com outra.

Examinando As rugosidades do caos, vê-se que o próprio livro, como um todo, responde de modo sensível às "exigências" de nossa época. Essencialidade, concretude e rapidez: ritmos curtos, pulsos, muitas vezes, mas não em fragmentos; numa continuidade que leva a ler a coletânea inteira como um único grande poema; contrastes, oxímoros, contradições sem síntese, símiles, repetições (o osso e o caroço em "o"; o amor e o sexo em "blues"; alegria e melancolia em "passeio diurno"; elencos em "a gosma dos dias"); os símbolos que se transformam um no outro (o branco feito coisa — a luz feita matéria em "o ovo"; a toalha branca — a bandeira em "instruções para sujar uma toalha branca") e, obviamente, os temas dominantes: a dor, a beleza, a solidão, a morte, o medo, a utopia, a esperança, o desespero, o capitalismo, o "tempo de guerra, deus e banalidade", tratados com objetivismo, em que é contida a expressão individual.

"A filosofia deveria se fazer realmente apenas como um *poetar*", diz Wittgenstein (*Cultura e valor*, 1933-1934), e, curiosamente, no caso de Luis Dolhnikoff, filósofo e poeta, é isso mesmo que acontece: os conceitos vão, aos poucos, se fazendo imagens. Tomemos, entre muitos, um único exemplo: o silêncio.

Comparando-se com a coletânea anterior, *Lodo* (2009), onde imperava a logopeia – a poundiana "dança do intelecto entre as palavras" –, verificamos como o silêncio-conceito (veja-se, particularmente, o sintomático poema que dá nome ao livro, todo ele dedicado ao silêncio "única existência inquestionável/além da linguagem") vai, em *As rugosidades do caos*, gradualmente, se transformando em silêncio-imagem:

imitação

um poema
entre o silêncio
prévio
e o posterior [...]

a teia

[...] nada
acontece
o silêncio
teia espessa
a cada instante mais
pesada

a matéria da areia

sílica
calcário
restos
de esqueleto
silêncio

beiral

[...] gaze rasgada pelo vento
desfazendo
a chuva
e em seu lugar o silêncio
evapora de cada poro
da cidade [...]

em tempo de guerra e banalidade

[...] se a cidade desperdiça vidas
é porque valem pouco

esperança, merda e morte

enquanto um poeta canta
em silêncio
num recanto do apartamento [...]

Trata-se, enfim, da concretização da importância/desimportância da poesia em nossa vida cotidiana, tal como nossa época parece exigir e tal como o primeiro poema de *As rugosidades* tão bem sintetiza ("da importância").

Agora, se por "exigências da época" para a crítica considerarmos as dos "estudos culturais", que podem ser resumidas como "ver como as formas de vida de uma sociedade moldam seus projetos e obras" (Maria Elisa Cevasco, *Dez lições sobre estudos culturais*, 2003), lembramos que, a par da abordagem literária de uma obra poética (a que esboçamos acima), existe a possibilidade de uma série de outras, sociológica, genética, psicológica, biográfica, sócio-histórica, que podem ser a ela "engatadas", completando-a, mas sem substituí-la. Nessa discussão não há nada de novo: trata-se do velho binômio estrutura-função. O que talvez haja de novo é a valorização hodierna do papel da literatura em geral e da poesia em particular, feita, entre outros, por Richard Rorty (*Seleção de escritos de 1996 a 2006*): o que importa é que elas descortinam mais alternativas para os propósitos que a maioria das pessoas admite, e escolher entre essas alternativas — em alguma medida — é criar a si mesmo.

Aurora Bernardini

da importância

a proximidade do mar
a distância da cidade
a possibilidade de sexo

a solidão

a voz a visão da
minha filha

a pétala do seu tato
seu silêncio

o silêncio

a existência de dinheiro
a ausência de preocupações com dinheiro

a situação econômica
a oposição política
a pequena política diária

uma cárie
uma câimbra

o aumento da calvície
o início da velhice

um dia triste
um dia curto

o comprimento das unhas

a louça suja
a geladeira limpa
os preços do supermercado

a morte
o excesso de trabalho
a falta de trabalho

um e-mail
de trabalho

o meio de evitar
se preocupar
com o que não tem solução

o que não tem solução
o que tem solução
ou talvez tenha

e em meio a tudo
algum velho poema
moderno

um poema

um poema
é um objeto
como qualquer outro
se qualquer outro objeto
for de tinta preta
papel branco
e pontas
soltas
de frases cortadas
em cortantes
dispondo
e expondo
palavras comuns
de forma incomum
capazes de lançar
e entrelaçar
vibrações
e outras ações
de fios de sentidos
como corpos
que não se tocam
mas suas sombras
se sobrepõem
traçando o contorno
ou quase
da possibilidade do
não encontro

outro
(cubismo sintético)

isto não é um cubo:
cubos não cabem na página

páginas
cabem nos livros

cubos de páginas são livros:
livros são cubos

também a palavra livro
a palavra cubo

palavras não são planas:
cubos

de palavras são poemas:
isto é um cubo

imitação

um poema
entre o silêncio
prévio
e o posterior

a arte
não imita
vida alguma
coisa quase
parecida

alguma coisa

a luz espessa
de um copo de leite
brancura palpável
a luz densa
e amarela
de um pote de mel
o véu
de claridade cinza
da janela
da cozinha
centram
e concentram a
difusa e diáfana
manhã de inverno
que afinal tem força
para afastar o peso
do que ainda sobra
de sombra e frio

(mas não vão longe:
como pequenos répteis
entre raízes secas
se ocultam no lodo
morno
das vísceras)

o ovo

são camadas sobrepostas
de brancura:
a casca fina
mas dura
mineral
feita de cal
cálcio
e calcário
encapsula uma diáfana
membrana leitosa
que líquida abraça
a massa compacta
branco feito coisa
luz feita matéria
da clara

densa
porém macia
como a névoa
quando o dia
se inicia
ou quando nuvens
espessas
são cortadas pela claridade
rasga-se
à pouca pressão da polpa dos dedos

desocultando
no âmago
fundo
do branco
o amarelo
de um pequeno
e paradoxal
sol morto

instruções para sujar uma toalha branca

para sujar uma toalha branca
não é preciso nada
além de pendurá-la
no banheiro
como uma bandeira
de paz aposentada

as finas felpas feitas para capturar
a água limpa
de mãos recém-lavadas
absorvem cada leve grão de pó
levado pelo ar
ficando cada vez mais cinza

lavá-la é menos fácil:
é preciso pôr
a toalha de molho
em água sanitária
na proporção exata
e saber esperar
um dia
ou dois

depois
basta pendurá-la
no varal

como uma bandeira
de paz aposentada

as finas felpas feitas para capturar
a água limpa
de mãos recém-lavadas
absorvem cada leve grão de pó
levado pelo ar
ficando cada vez mais cinza

onde tudo se mistura
a brancura
não perdura
o claro
a clareza
a claridade
onde tudo se mancha
nada
não
nunca

quintal

o coma a loucura o tédio:
a morte no meio da vida

no meio das coisas

cruéis como roupas esquecidas
no varal de uma casa vazia

dia frio

um dia frio
de vento frio
chuva fina
céu cinza
ruas vazias

apenas folhas caídas
caminham pela calçada

os moradores
ocultos
nas casas
casulos
habitam o silêncio
como larvas
de insetos
novelos
de seda

a segurança
dessa dispersão
de isolamentos
concentrados
e a ameaça
de um medo

medo do frio
ficar
ou
ir

contra heráclito

relógio líquido
a chuva
pinga segundos
seguidos
nos telhados
teclados
vermelhos inclinados
que os dedos trêmulos
das gotas tocam
recolhendo-se

heráclito
estava errado:
o tempo
não é um rio
mas o rápido jorro sujo
que escorre
por uma calha
e se espalha
perdido e mais sujo
pelo meio-fio

meio-fio

o
sol
no ápice
parece
parado
o dia
quente
o ar
áspero
o arfar
da cidade
o preto
do asfalto
o lodo
do tempo
o fim
da manhã
o início
da tarde
recomeço
no meio
todo turvo
dia

a teia

o sol
dissolve-se
no mar
a tinta negra
da noite
escorre
a lua

um homem caminha
na calçada
um cão dorme

nada
acontece
o silêncio
teia espessa
a cada instante mais
pesada

borodin no sofá

"nas estepes da ásia central"
a voz grave
mas suave do locutor anuncia
e o som de uma flauta invade
a sala

a pequena sala
onde o som suave de uma flauta
se espalha como o vento
frio nas estepes da ásia
central

no centro da sala vazia
o som da flauta se enrodilha
em volta do vazio

onde o mundo se centra

a negra estepe da noite
tropical
se espalha
além do silêncio
nada

blues

billie holiday
cantando "fine and mellow"
com lester young
no sax tenor
me faz temer
ser o sexo a melhor
forma de amor

não envolvesse
uma mulher:
corpo
mente
e mentira

(a beleza se concentra
em cada parte
da sua carne como um pequeno
sol palpável

claridade
de uma catedral de vidro

que se estilhaça
em facas
de luz

luz sanguínea
de uma labareda
a queima
da retina
a cegueira)

sexo que não espera
nada
além
do futuro
imediato
tempo
concentrado
em si mesmo
consumido
e encerrado

então se reabre
como uma flor
à frente de um inseto
a vasta flor escura da realidade

jam

a garrafa de vinho
dura pouco
e me preocupa
incomodar o vizinho
com o jazz que eu ouço

não ouso
aumentar o volume
tampouco
diminuí-lo
quando soa mais alto
e agudo
sozinho

o som do sax
fura a matéria
escura e etérea
da noite
como uma agulha
a água

ninguém escuta

janelas apagadas
olham cegas
a cegueira da madrugada

sequer um ranger
cidade cadáver
de porta

a multidão de mortos respira
sem nenhum ruído

ressoa melhor
a vítrea trilha sonora
desse pesadelo lúcido

ceia cinza

ovo negro
ou ovo às avessas
a casca mole começa
a se enrugar aos poucos
a ressecar ao fogo
lento
do forno

a polpa verde
e lavanda
leve como isopor
e tão saborosa quanto
derrete
e perde
um pouco
o amargor

posta no prato
abro
a berinjela
cortando a casca negra
e se eviscera
algo de molusco
uma ostra verde-muco
vísceras sem corpo
esqueleto
e agora pele

a receita pede
sal e azeite
a fome impõe
um pedaço de pão

um copo de vinho
talvez suavizasse
um tanto
um pouco
um quase
um nada
isso tudo
não fora ácido demais

na cozinha com mnemósine

a cebola
como metáfora
arquitetônica
da memória:
camada
(entre cada
pétala ácida)
sobre
(amarga
umidade iridescente)
camada
(reflexo pálido
de uma luz distante)
até chegar a
(condensada
em minúsculas lágrimas)
nada

o

o osso
o caroço
da carne como
o caroço
o osso
do fruto como
o escuro
o denso
do corpo como
o tempo
o oco
do osso

anatomia da metafísica

nenhum minério
calcifica ou fixa
a ossatura humana

o cálcio é necessário
mas só para a dureza
da estrutura externa

sequer os demais cristais
– fósforo ferro magnésio –
e os compostos
em que se agregam
mantêm seu estado
quase pétreo:
duros secos ásperos
são também maleáveis

no meio da medula
o que modula
o modo como
os ossos se enrijecem
o que mais medra
enquanto a têmpera
do tutano se matura
é a massa amorfa do medo

biografia

dente destr
car
comido
moído
granito branco
em amarelo arenito

a matéria mais dura
do corpo
a mais durável
parte de um cadáver
pútrida
(o ácido sutil
das bactérias
fere e perfura
a falsa pérola
pontiaguda)
em vida

lenta
gangrena

podre
e perdido
o dente
o alvéolo

vazio
perpetua
o oco

pequeno túmulo
do dente morto
aberto no corpo

(do resto
da raiz
minúscula flor amarela
o pus aflora

da carne
em carne
viva
e morta)

porque não se digere a fome

a fome não é um vazio
mas um cheio: um calor frio
que pesa como uma coisa:
como quando alguma coisa

pesa por estar presente
materializada em ausência:
ausência que ocupa a mente
como sombra sobre a ideia:

uma sombra tão pesada
que dali se desentranha
indo alojar-se na magra

recâmera das entranhas
onde a bile não a ataca
nem ela à bile: amalgamam-se

k.m.m.

três cilindros transparentes
cheios de líquidos densos
e cores compactas:
um vermelho sangue
outro amarelo ocre
o terceiro puro creme

postos
e dispostos
em perfeita gradação
de suas cores mornas
pelo morandi improvisado
do garçom
ou do acaso

a beleza
emerge da ordem
no pequeno caos
de copos
garrafas de cerveja
guardanapos
usados
restos
de hambúrguer
sobre um prato
e se derrama
para o grande caos
da cidade em volta da mesa

passeio noturno

mulheres de burca escura
num cone de luz leitosa

falam em celulares
enquanto fazem sinal para
um táxi

um menino de moletom
a cabeça baixa
coberta como uma muçulmana
caminha pela calçada
o rosto na sombra
os olhos sombrios

faróis
amarelo
explodem

silenciosamente
varrem a noite
câmeras de lentes negras

a lua uma lâmpada tênue

na calçada
um mendigo

a cabeça baixa
coberta como um menino
pernas esticadas
calças encardidas
escande um olhar opaco
para os carros que passam
em velocidade constante
vidros foscos fechados
a cidade
são coisas distantes
em denso silêncio
e velocidade constante

parados de pé
à porta de um bar
homens fumam lentos cigarros

um aramado
pendurado num poste
sustenta um saco
de plástico rasgado

cabeça de boneca
pedaços de papel
pequenos cartões
com telefones de putas
maços de cigarro
pontas de cigarro
blister vazio de rivotril
superoferta

formiga preta
saco de salsicha
casca de banana
tampa de caneta
lata de fanta
lente de óculos
pilha de relógio
papel de cocaína
unha azul postiça
asa de borboleta

passeio diurno

a alegria
é branca
como pasta de dente
em luz fosforescente
uma parede recém-caiada
neve recém-caída
pedaço de madrepérola perdido
na areia clara
de um dia claro
como um azulejo limpo
calcinha de algodão em pele bronzeada
um bando de garças
névoa e neblina
a espuma
do mar contra as pedras
negras como os olhos
da mulher possuída
sobre um lençol limpo
como a calma
de uma tarde calma
além da cortina aberta

a melancolia
é negra
como borra de café
no fundo do lixo

uma parede pichada
neve amanhecida
coágulo de sangue ressequido
na areia suja
de um dia escuro
como um muro molhado
calcinha velha em pele pálida
urubus na praia
nuvem e fumaça
as sombras
do mar de chumbo
longas como o olhar
da mulher relembrada
contra o fundo fosco
da memória cinza
de uma noite de inverno
atrás da cortina fechada

contra heráclito 2

uma metáfora vem e vai
nesse entremear
do mar que entre
dedos de areia adentra
e como areia seca
entre dedos secos de gente
escorre: preamar
a lançar brotos de dedos
de dentro do seu ventre

ventre todo uma placenta
impaciente que escava
com vilos incipientes
veios vazios na orla extrema
repletos de seiva
inutriente ou plasma
exangue de sal e água:
água seca, sedenta
a se nutrir de areia

drama

uma gaivota
grave
a cabeça baixa
vai e volta
à beira d'água
à procura
ou à espera

a espera
ou a procura
atrai outras
aves
graves
ou tontas
como aquela

tantas
gaivotas
agora
vão e voltam
onda branca
e preta
paralela
às ondas brancas
e cinzentas
que vêm pousar na areia

por que vêm pousar na areia
o que esperam
o que procuram
as gaivotas
que vão e voltam
em vão
em volta
de si mesmas
os gritos
agudos
de seus bicos
amarelos
não explicam

não explicam
a renúncia
ansiosa
de voar
o vento
vindo
modorrento
do mar e o mar
longo e lento
morrendo a seus pés

correndo
de repente
ameaçam então voar
mas algo se passa

ou nada acontece
e as aves seguem
com pressa
a perseguição de um ponto
preciso
porém invisível
a partir do qual
é necessário voltar

é necessário voltar
porque prosseguir é inútil

tão inútil
quanto retornar

por isso retornam
apenas um pouco
e logo se voltam
de novo

um bando
de aves brancas
pretas
graves
vai e vem
à beira d'água
ou no fim da areia

indeciso
sobre

a linha imprecisa
onde
a gravidade termina
e o voo
repentino
se inicia

natureza morta

a cabeça de um peixe
balança na areia
bicada por uma gaivota

algum sangue
escurece a areia
branca

a cabeça cinza
de um peixe cor de prata
antes da pátina

as patas amarelas
da gaivota
dançam em volta

dançam em volta
outras gaivotas
ansiosas

algum sangue
seca na areia
úmida

a ave grita
como quem bica
o ar

a boca
aberta do peixe
outro corte seco

mercado de peixe no inverno

caudas de lagosta
marrom-vermelhas
largas de ponta a ponta
mergulham em gelo azul
numa caixa de isopor sujo
como neve depois da chuva

cardumes retangulares
de peixes cor de prata
patas de caranguejo
escamas cinza-aço
guelras cor-de-rosa
água ensanguentada
sangue diluído

o vidro amolecido
do gelo
adensa o vidro liquefeito
da água

cozinhar rabos de lagosta
para quem gosta
é muito fácil
(tudo é difícil
se feito com desgosto):
água sal e fogo

enquanto o
sol
pálido
cozinha devagar as horas frias
o ar azul-escuro
o mar de gelo sujo

marina

vítreo
um zunido
de cigarra
arranha
o acrílico
sujo
da vigia
raspa
de tinta
pele
rachada
cracas
empedrando
o casco
casulo
de molusco
vida podre
parada
a lua coagula a água escura

litografia

o dia cinza
o céu de mármore
o mar de chumbo
líquido
ou quase isso

quase tudo
calmo
caos quase adormecido

pequena geologia metafísica

o horizonte
existe
apesar de não se saber
exatamente onde
porque a terra
é uma esfera

o chão se curva
e sai do campo
de visão
levando o mar
e sua planura

plano é o mar
porque líquida
a água

(a terra
sólida
não se espalha
e ainda ergue
montanhas
quando se enruga
ou quando empurrada
por baixo
pelo magma)

o horizonte
é o resultado
da forma
da terra
e do estado
da água

resta compreender
o resto

o demiurgo triste

segundo um antigo
mito egípcio
rá, o deus-sol
teria
um dia
dito:
"dobrei meus membros e chorei:
a humanidade nasceu
das lágrimas que desceram dos meus olhos"

na antiga
língua egípcia
lágrima
era *remyt*
e humanidade
remeth

coincidência linguística
que no mito se reflete
ou formas de nomeação
que remetem ao mito

nada é certo
além da áspera certeza
de que as lágrimas
são congênitas

suma fisiológica

lágrimas são salgadas
porque vindos do mar

(lágrimas são salgadas
porque a tristeza é amarga)

porque vindos do mar
não podem durar

(por que vir do mar
se não podem durar?)

porque não podem durar
a tristeza amarga não perdura

(fossem as lágrimas doces
se perderia o pouco açúcar

que sob o travo da tristeza
esteja, por ventura, decantado)

a matéria da areia

sílica
calcário
restos
de esqueleto
silêncio

vagas

o mar
devagar
lambe as feridas
que o tempo
sem feri-la
deixou na areia

o tempo não deixou ferida
a areia
mas os passos
dos que passaram
devagar
contemplando o mar
templo sereno da morte

o mar
devagar
com sua seiva salgada
regenera a areia

a carne exposta da areia
sem pele para protegê-la

pele exposta
cabelos soltos
soltos os braços

eles passam, passo a passo, pela areia
pela primeira e última vez

a morte, delicada
vem devagar lamber seus pés

a queda

um avião caiu no mar:
os corpos não foram encontrados

porque mergulharam
devagar
na massa imensa de água
observados por olhos estúpidos
de peixes e moluscos

silenciosamente
chegam ao fundo

pousam e
repousam
corpos pálidos
parados
pesados
no largo leito de areia e frio

peixes, moluscos e crustáceos
mordiscam a pele frágil
das pálpebras
da borda dos lábios
da ponta estreita dos dedos

estavam vivos hoje cedo

saíram de casa mais leves
que de hábito
porque viajar reduz o peso
dos compromissos diários
à parte exata
que cabe numa pequena mala

estavam vivos agora há pouco

agora há muito pouco do que foram vivos

estavam vivos
e alguns sorriam
olhando o mar e a líquida
curva dos quadris da comissária

pensa-se muito em sexo no espaço escasso
de um avião

pensa-se um pouco em quase tudo no tempo largo
de um voo

menos em morrer daqui a pouco

menos em daqui a pouco estar morto

daqui a pouco estaremos mortos

atenção senhores passageiros
podem soltar os cintos
pois logo estaremos mortos

não fora isso o combinado
mas sim um longo voo
e um pouso seco

o combinado era seguir à tona
no frio mar do tempo
até perder devagar as forças

mas algo deu errado

atenção senhores passageiros
preparem-se para morrer
nos próximos segundos

crianças, gestantes e idosos
não terão prioridade:
todos morrerão juntos

todos morrerão próximos
mas separados:
morrer é coisa íntima

todos morrerão próximos
mas serão logo separados:
o mar envolve e dispersa

a queda
até a superfície
será rápida
até o limite
instransponível
a separar
a vida
grave leveza
a morte
leve gravidade

será lenta
e infinda
até o fundo
escuro
do silêncio

away

por caminhar devagar longamente pela praia extensa
as pernas, pesadas
pedem para parar
e estancado o movimento inecessário
estacar o corpo na areia
lançando ao largo
em seu lugar
o olhar

antes baixo
ele então se alça
e avança
sobre a morta planície do mar

pesadas nuvens cinzas impassíveis

resta retornar
ao pequeno apartamento
e suas paredes rentes
onde por se enrodilhar
a espera
pode se estender
interminavelmente

tarde

o sol incide
de través pela janela
aberta sobre a mesa
coberta de livros empilhados
capas iluminadas
cheiro de papel seco
a melhor parte
da humanidade
meu avô dizia
a pior fica de fora
mas pensava em literatura
e vastas fantasias
futuras
não na fúria ruidosa da história
que agora forma
a maior parte
dos livros sob a luz
oblíqua
iluminando a sombra
densa como sangue e o sangue
negro como a noite
dessas páginas

a tarde estende
um quente lençol de claridade
sobre seu silêncio compacto

o morno silêncio cinza
do quarto

a melhor parte
da humanidade
a pior
dor
doçura
loucura
medo
chuvas
facas
enganos
desenganos
e as flores persistentes do verão
ficam de fora
vicejando ao sol

o líquen

à sombra da pedra
a sombra cinzenta
grossa como pele
de um antigo líquen

líquida secura
seca pele velha
que da pedra exsuda
qual de escaravelho

porém diferente:
pois o morto é o corpo
que a pele desprende

e ainda que pouco
o vivo é essa pele
encorpando a sombra

geometria geral da solidão

da pedra
a aproximação mantém
intacta a distância
impermeável da indiferença
compacta

do vento
a aproximação conserva
inteira a distância
intangível da indiferença
fluida

dela
a aproximação preserva
intocada a distância
incontornável da indiferença
ambígua

noite branca

rente
à linha
sinuosamente nítida
da estrada
a névoa
rente
a nada

extenso
não estar

quase feito
de quase matéria

em meio
à quase estase
das coisas que estão
(montes, sombras, pedras, noite)
prenhes de solidez

a névoa, densa
ausência
então se dissipa

o mundo quase
se condensa

(pétalas numa sebe escura)

turva, porém
a névoa torna

nítido
o borrão do mundo

beiral

chove

mas não pode
encontrar a chave
que achava estar
no bolso esquerdo
não olha direito
olhando torto
culpa do vento
no outro bolso
no traseiro
a mão
no queixo
não se queixa
nem se deixa
parar para pensar
parado para procurar
nos bolsos da calça
nos bolsões da memória
embaixo do capacho
acho
que a perdi agora
quando
não achava
pensava sem pensar
estar à mão

mas está na mão
de mãos vazias
vazio o olhar
vazia a rua
a vida vazia
vazios os bolsos
os sapatos cheios de água
forma palpável do frio
mas ainda informe
mais ainda a fome
forma fria do calor
vazio líquido a dissolver
a mornidão compacta das vísceras
a escuridão compacta da noite
a vastidão compacta da chuva
o impacto
pac pac pac pac
das gotas gordas na calçada
explodem respingos de luz
minúsculos raios fluidos
agulhas de água espelhada
fagulhas
frias espalhadas pelo asfalto
da noite: estrelas
atrás da fumaça das nuvens
nuvens que se esfumaçam
se esgarçam
gaze rasgada pelo vento
desfazendo
a chuva

e em seu lugar o silêncio
evapora de cada poro
da cidade
onde se esconde
uma chave
pequena permanência metálica
duramente inútil
uma chave sem porta
uma porta sem chave
uma saída
para o infinito

on the same old road

não há sobre o que escrever:
tudo é nada:
no monte da desolação
desolação é o que se acha

por isso o poeta perdido
em seu abrigo
vazio
escreve um longo lamento

porque a vida é nada
mas um nada cheio de dor

a dor, então, é quase tudo:
o resto
o que a dor exige
dia a dia
ao longo de toda a vida
para ser devidamente sofrida

le tableau

os negócios
e a esperança
de repente prosperam

amedeo trabalha como
louco

retratos de jeanne
de lunia czechowska
de leopold zborowski
de hanka e mulheres jovens

então se abate
a tempestade

no meio de março
jeanne anuncia
esperar um filho

amedeo fica
inteiramente feliz
e desestabilizado

ele a ama furiosamente

porém não se sente
pronto para ser pai

pois não pode prover
a subsistência
regular dos dois

cai
a cada dia um pouco
num mal-estar mortal
que o corrói
tão fundamente quanto o amor

se ao menos esse bebê
tivesse esperado
uns poucos meses

não suporta mais
a má sorte
que parece adorá-lo
e se deita
sobre ele
sobre eles
sobre todos
pois jeanne não se reconciliara
ainda
com os próprios pais

e esse ateliê
por mais decente que pareça
comparado aos pardieiros
onde até então vivera
não é um lugar bom o bastante
para um bebê

sem falar que está estafado
extenuado
exausto

sem falar no inverno
na guerra
no excesso de álcool
e de trabalho

não, nada, jamais
vem no momento certo

exceto a morte

a gosma dos dias

viver é um trabalho de sísifo
apesar de não ser

cada coisa dá um pouco de trabalho
umas poucas coisas
muito trabalho
e ter um pouco de trabalho
ou muito
a cada passo
é preciso
dar mais um passo
fazer mais um esforço
a cada movimento
para manter-se em movimento
sair da cama
calçar os chinelos
vagar até o banheiro
esvaziar as vísceras
lavar a cara
escovar os dentes
comer alguma coisa
não esquecer nada
manobrar o carro
encarar o trânsito
manter a calma
sorrir para a secretária

cumprimentar o chefe
cumprir os prazos
responder os e-mails
respeitar os horários
calcular os honorários
pagar os impostos
parar no posto
passar no mercado
marcar a consulta
pegar a receita
fazer os exames
tomar os remédios
remediar o tédio
atenuar o medo

sequer no sono
o cérebro descansa
o descanso do orgasmo
passa depressa
viver é um trabalho
de sísifo de circo
montado numa bicicleta

é mais nobre sofrer o espírito
os golpes da sorte ultrajante
ou se armar ante um mar de danos
para, opondo-se, pôr-lhe fim?

quem traria o desdém do tempo
o dolo do tirano, a afronta

do soberbo, a dor do amor findo
o langor da lei, as ofensas
que o mérito ganha do indigno
podendo se dar paz com a faca?

quem traria tão grandes cargas
gemer, suar a dura vida
sem temer algo além da morte –
a terra indescoberta, de onde
nenhum viajante retorna –
confundindo a vontade e impondo
sofrer todo mal a lançar-se
noutro do qual se sabe nada?

então se vai ficando
a trabalhar como sísifo
com a diferença
de que ele rolava sempre a mesma
pedra imensa
a mesma imensa pedra que
rolada morro acima
morro abaixo
despencava
não essas pedras
diversas
sobre ladeiras adversas mas
também por planícies monótonas

a pedra de sísifo
além disso

é ou representa
o pêndulo
do áspero relógio da eternidade
indo e vindo
de um lado a outro
sem fim possível
enquanto a longa lista
destas tantas pedras
de repente se encerra
quando aquela
que se revela a última
e a que mais pesa
um dia tomba
sobre quem a empurra
e a sua tumba

o relógio de monet

ritmo
é o tempo com sentido
porque dividido
em partes:
as partes
do mundo
submersas em seu fluxo
parecem organizar-se
em paralelismos
e sequências
encobrindo o caos
subjacente

se o mundo é feito
de paralelismos e sequências
em consequência
tem ritmo
não um tempo incompreensível
e tem sentido
porque tem ritmo
e um tempo compreensível

sobre as águas sombrias
de um rio profundo
ninfeias constantes
em forma e distância

tempo consentido

o rio assim oculto
não é porém o ritmo
que contém
nem o sentido
nele contido

massa amorfa
de água escura
a expor a flor sem forma
de uma superfície morta

contra o idealismo

este quadrado preto
seria perfeito
porque perfeitamente quadrado
e perfeitamente preto
se acaso a perfeição
não fosse uma ilusão
(ou uma rima pobre)

esse quadrado preto
é uma mentira:
uma perfeita mentira

a tela e a teia

já tive ideias
opiniões
e certas certezas
talvez ainda as tenha

mas tê-las
qual moscas a se debater
na grande teia dos neurônios
à espera da aranha da morte
ou do esquecimento
(além da ilusão
do acontecimento libertador
que as arranque com vida
ainda que sem asas
para atirá-las à gosma dos fatos)
pouco ou nada
tem a ver com a tela do poema
que prende palavras
e palavras apenas
sem cola ou peso
assim como um ímã
atrai e mantém unidas
partículas imantadas
cujo magnetismo
imperceptível
manifesta-se no próprio ato
de atrair-se

grei

extremos de ternura
e fúria

aí se apoia o mundo
aí se apoia o mundo

não numa ideologia
sequer em todas as necessidades

extremos de ternura
e fúria

extremos de ternura
e fúria

em que se destrói o mundo
em que se destrói o mundo

marx com amor

o capitalismo é uma bosta
mas quem tem dinheiro gosta

porque viver com conforto
confronta o desconforto
fundamental da vida
efêmera dádiva indesejada
da matéria a si mesma
de se fazer matéria e sensação

então, que o que se sente
seja bom e seja belo

(se não for um ou outro
não tenha receio
será com certeza mau e feio)

o capitalismo não é a morte da religião
por um surto crônico de desilusão
mas o triunfo do realismo

pena que seu realismo
seja necessariamente para poucos
enquanto a realidade
é oferecida igualitariamente a todos

talvez pior
o capitalismo faz
o tamanho do sofá
importar mais
que a dimensão do amor

o amor, se imensurável
não tem valor de troca
(por isso putas vendem apenas sexo)
logo, é um não-valor

o amor não vale nada

a menos valia do amor
é o mal maior do capitalismo

(se animais solitários
como os tigres
são livres
homens nascem condenados
ao convívio

TROQUE A AUSÊNCIA DA LIBERDADE VERDADEIRA
PELA PRESENÇA DO MAIS PALPÁVEL CONFORTO
alardeia, então, o mercado)

não porque o amor
abra portas impossíveis
mas porque torna

a condenação ao convívio
a salvação possível

mas o amor não é um bem
durável

bem mais
dura a vida

só o amor salva
(a morte
somente
resolve)

silogismo

há comida para um dia
e fome

há comida para uma semana
e fome para

há comida para um mês
e fome para um

há comida para um ano
e fome para uma vida

(há comida para sempre
no supermercado em frente

há comida para sempre
e fome de um dia)

out door

há gente que morre
se come
pequena parte de um dos mais antigos
alimentos conhecidos
o trigo
(são os alérgicos
que o têm como pior antígeno)

por isso o aviso
nas embalagens:
CONTÉM GLÚTEN

há mais gente que morre
se não come
trigo
(são os famélicos
os mais antigos
e rejeitados alérgenos do organismo
político)

por isso o alarme
na paisagem:
CONTÉM POBRES

história compacta mas completa do brasil

casa-grande e favela
condomínio e senzala

no deserto

auden acredita
que voltaire, quando de volta a ferney
ainda acredita firmemente
que a dura luta
contra a injustiça e a impostura
vale a pena sempre

não seria apenas
a bela cena do vale
apesar de brancos brilharem os alpes
de ser verão
e de ele saber-se alto
e brilhante como os alpes
apesar de inevitavelmente efêmero
como a neve e o verão

nem seria ainda
a senilidade

talvez a mera distância
da cidade
e assim da falsidade e da infâmia
próximos adversários
depois de vencida a dura luta
contra a injustiça e a impostura

no mercado

quando um homem de gênio se vende
seu próprio gênio o defende
de suas facilitações

quando um homem de talento não se vende
seu não se vender o defende
de suas limitações

quando um homem de talento se vende
o talento é insuficiente
para o proteger

quando um homem sem talento se vende
sua pequenez é suficiente
para o engrandecer

o renascimento da tragédia

ninguém é insubstituível
reza um axioma popular
entre os democratas mercantis

fico feliz: apontem-me então alguém
para pintar à michelangelo um teatro
e um shakespeare para estreá-lo

instruções para escrever um poema

duas longas lascas
de metal
ou duas curtas
facas curvas
articuladas

a pequena tesoura
avança simultânea
acima e abaixo
da borda larga
e quase plana
do apêndice plástico
sobre a polpa
da ponta
de um dedo

enquanto avança
se fecha
como as pinças
na cabeça
de um inseto
ou como o bico
de um pássaro
cortando
a cabeça
de um inseto
cortando

a casca
de inseto
da unha

resto
ou resquício
de exoesqueleto
sobre o ventre
de larva
da ponta
do dedo

um erro
e o resultado
é uma
dor aguda
como a ponta
de uma agulha
sob a unha

um erro
e o metal corta
rente
como a navalha
os pelos
da barba
ou como o dente
a polpa
da fruta
levada

à boca
na ponta
dos dedos

dente duro
como uma tesoura
fruta frágil
como a polpa
de um dedo

erro
mais do que evidente
coisa tão dura
e rente
entre
coisas tão frágeis
como a carne
de um fruto
e móveis
como larvas
na lama

impõe-se manter
inteiramente inerte
o dedo
cuja unha
se amputa
enquanto
se empunha
a tesoura

com outros
dedos
de outra
mão mas
mesmo cérebro
tenso
e atento
como um dedo
prestes a ter uma
unha arrancada

a memória
nunca perdida
da dor aguda
de uma unha
mal cortada
cai
como uma luva
nos nervos
dos dedos

luva de vidro
congelando qualquer mínimo
movimento

qualquer movimento mínimo
além das
mordidas
da gengiva
metálica

da tesoura a mastigar
a matéria
translúcida da unha
arranha o risco
de um corte
impreciso

corte
que torna
o necessário
podar desses apêndices
– acessórios
desnecessários
de articulados
dedos instrumentais –
deletério
ou dolorido

uma lasca
de unha
de dor
na ponta
precisa
e delicada
de um dedo
o inutiliza
e amputa
de toda sua perícia
a mão

assim ferida
ela é inepta
para empunhar
mesmo o algodão
de uma carícia
que dirá para poder podar
com a máxima minúcia
a lasca de uma única
unha

close reading

os girassóis
amarelo
resistem
escreveu bandeira
em sua "pensão familiar"

mas se a pensão
é familiar
os versos não

em prosa
seriam mero erro
de concordância numérica
("os girassóis amarelos resistem")
ou inversão da frase natural:
"os girassóis resistem amarelo"
(com o adjetivo
como advérbio)

mas o que é erro
ou preciosismo
numa linguagem
(a linearidade da prosa)
noutra
(a discrição
da poesia)

é polissemia
e materialidade

(o prosador tenta evitar
a quem o percorre esses trancos
da dicção da frase de pedras:
escreve-a em trilhos, alisando-a
cabral, cabal, entrega)

cortar *amarelos*
de girassóis
e podar o plural
além de manter
a função adjetiva
(por sua posição)
acrescenta a função substantiva:
"os girassóis / amarelo [cor amarela] / resistem"

amarelo se torna
a realização
do que a frase diz

os girassóis
▬
resistem

open writting

repentinamente
restos de utopia
não mais entopem
o ralo da história

a poça do presente
desestagnada
não reflete mais luzes opacas
da lâmpada futura

na larga pia do mundo
a turva água do tempo
escorre livre
e fria

open writting 2

"*better red*
than dead"
em desespero dizia
um slogan ocidental
contra medidas agressivas
do próprio ocidente

e de repente
o mundo não acabou
mas a guerra fria

daí a dúvida:
por que, agora
tão morna alegria?

por essa paz gélida

red on white

uma mancha de sangue
seca sobre o papel
indica que alguém morreu
se feriu ou que eu
a reproduzi para
escrever abaixo dela
que uma mancha de sangue
ou coisa semelhante
impressa no papel
indica alguma coisa
além de uma ideia
arbitrária para um poema
de certo impacto

decerto o impacto
do sangue sobre uma superfície
branca
(a de maior contraste)
lembra a morte

ou antes
a mortalidade
mas talvez
também uma tela de pollock

que produz ou reproduz
a harmonia contida no caos
ou o caos por ela contida

por isso pollock
é tão sedutor
e contém tanta beleza:
suas telas
são mentiras
a dar esperança à dor

não há harmonia no caos

a esperança é real
porque o que se espera
não

a névoa

era uma placa pintada
escondendo o fim da estrada

escondendo o fim

por fadiga de material
e falta de reparos
abandonada
ruiu

atrás havia
uma névoa cinza

névoa que não se dissipa

nunca houve uma cidade
na chegada da viagem

havia a placa
e há a névoa

há a névoa
e há uma ponte
lançada sobre o nada

que a cada passo
se estende
e atrás de cada passo
desaba

na estação

não é preciso guardar os casacos
somente seu cansaço

foi há pouco confirmado:
a história não acabará tão cedo
tão cedo não iremos para casa
qualquer pequeno lugar
de grande paz

haverá muitos lugares pequenos
onde descansar sem paz
e adormecer o medo

à mercê do medo
e do calor opresso

por isso guardem com amor o seu cansaço:
ele os seguirá por toda parte
por todo o tempo
faminto cão fiel

se a história afinal acabasse
num final feliz, triste ou trágico
seria, em todo caso, o fim
do seu fim interminável

mas não terminará
tão cedo

extenso
o pântano do futuro
por onde seguir com o cansaço
até ser necessário
adormecer o medo

depois despertar o medo
para poder seguir com o cansaço
mais algum tempo

em tempo de guerra e banalidade

já não há qualquer motivo
para o poeta ser expulso da cidade

os bárbaros há muito chegaram

mas os bárbaros não expulsam:
cortam pulsos
e alimentam cães
com coágulos

o cadáver exangue
sacia os ratos

bárbaros são econômicos

se a cidade desperdiça vidas
é porque valem pouco

esperança, merda e morte

enquanto um poeta canta
em silêncio
num recanto do apartamento

mas se no fundo do pote
vazio da poesia

restar ainda algum resíduo
do doce dissabor da beleza
talvez possa temperar a indiferença
da cidade senil

grátis:
últimos grãos de beleza

grandes sombras se alongam
por ruas
pontes
avenidas

todas sem saída

por isso os poetas
não são mais expulsos da cidade

da cidade tomada
pela neblina e o frio

haveria afinal menos música
na cidade sem poesia:
a voz é o instrumento mais barato

na cidade sem música
de multidões intermináveis de ruídos

na cidade de ruínas e silêncios
sujos

que gestam e ocultam
cantos onde se esconder
nos olhos de uma mulher

o espelho negro
das palavras

poemas
embelezam a beleza

a que viceja, tardia
ao desabrigo
de sua fúria, feiura e frieza

a vida não semeia no deserto

no deserto da cidade
a vida floresce

a vida fenece na cidade

na cidade onde a morte floresce

flores negras por toda parte

a flor mais negra
a da terra tenra
entre suas pernas

flor, terra, qualquer metáfora
que da morte abriga
como um beiral sombrio
da chuva repentina

febricitante
esquecimento
a se estender por um instante

a lista de sendler

uma mulher entra no gueto
de varsóvia
cercado por muros de pedra
e pelas botas de chumbo
da gestapo
erra por ruas sombrias
e pelos mortos adiados
arrastados
no lodo espesso do medo
e leva com ela
escondida e esquiva
uma criança pequena
pequeno pedaço de carne e pavor
dando-lhe o valor da vida
que arrisca
cercada por muros de medo
e o peso denso do chumbo

uma mulher entrou no gueto
de varsóvia
cercado por muros de chumbo
e pelas botas de pedra
da gestapo
vezes sem conta
mas a soma das vidas
que roubou do inferno

é conhecida:
duas mil e quinhentas crianças
arrancadas da boca da morte

conhecido
é também seu nome

situações extremas
não exigem apenas soluções extremas
mas pessoas extraordinárias

escrevo então este poema
em honra a irena sendler
e em derrisão ao mundo ordinário
de agora

fodam-se todos os juntadores de dinheiro
e compradores de gadjets e entretenimento
todos os longevos tomadores de vitaminas
as roupas sexy-putas das meninas
os novos softwares e a computação em nuvem
a previsão do tempo e a privação de calorias
os novos carros e a nova velhice
os paus duros e o tesão mole movido a viagra
os peitos de plástico e as plásticas na cara
o dinheiro elástico dos cartões de crédito
a crença vazia a crise de azia a viagem à ásia
a banalização do sexo anal
a popularização do sexo grupal
os grupos de apoio

as novas próteses
o futuro aberto como uma boceta fria

houve gente neste mundo

não é a velha história
de que tudo era melhor
quando uma imensa
merda sangrenta

mas da imensa merda sangrenta
que o mundo fora
brotava gente de primeira
além de multidões deprimentes

onde é a próxima rave?
quando sai o próximo iphone?
quantos apps fazem um android?
o google glass vai me ligar à vida?
o novo mac vai me matar a fome?
como está minha cara no "face"?
qual o novo tipo de alface?
é melhor comer couve ou espinafre?
um novo aparelho na academia?
preciso me prevenir de uma anemia?
é melhor um menino ou uma menina?
parto na água ou viajo de barco?
praga é a nova paris?
a gripe aviária é uma nova praga?
silicone na bunda fecha as pregas do cu?

há cursos para facilitar engolir porra?
a porra da bolsa não vai subir?
o elevador não vai descer?
o trânsito não vai transitar?
o transe não vai terminar?
o lance não vai me esperar?
ela vai aprender a chupar?
o u do i nin plintz dum shutzpá?

uma mulher entra no gueto
de varsóvia
cercado por muros de medo
e pelas botas de aço
da gestapo
erra por ruas mortas
entre cadáveres adiados
arrastados
no lodo denso do horror
e leva com ela
esquiva e escondida
uma criança muda
pequeno pedaço de carne e terror
oferecendo-lhe
o risco de vida
que aposta
cercada por muros de ossos
e o peso negro da morte

bela bosta:
tudo isso é passado

deslugar cheio de gente grandiosa
mulheres difíceis de serem comidas
comidas gordurosas
casamentos ensebados
rendas e babados
pais bêbados empoderados
poesia empoeirada
bebês em fraldas de pano
bebês mortos uma vez por ano
cidades miseráveis
miséria heroica
e nazistas à porta

o terror islâmico
é apenas um esporte muito radical

quem ainda precisa
de heroínas esquivas
de guetos extintos?

qual, afinal, o melhor vinho tinto?

o jardim

nossos ideais
eram mais altos
que nossos prédios

mas elevamos os prédios

quando foram destruídos
alguns quiseram
realçar os ideais

eram lamentavelmente antigos:
reerguê-los
já não sabíamos

entre o pensamento
e a ação
pende a mão

então refaremos os prédios
(nossas máquinas são ideais)

vê: o que agora ali se ergue
não é o leve pó brilhante
da esperança
mas da poeira

logo descerá a neve

já é outono
nos jardins do ocidente

longos serão os meses

cinzas as curtas vidas de homens curvados
desde pequenos no trabalho
para poder manter-se
a trabalhar e a adoecer:
olhos jamais erguidos
a se proteger da atenção
dos que estão no alto
enquanto sussurram pelo arbítrio
dos deuses distraídos

nos jardins do ocidente
suas sombras tão doces
para o desjejum e o ócio
já não encontrarão abrigo

as folhas estão caindo
estão caindo
as lágrimas

nos jardins do ocidente
onde plantamos fundo a ideia de abrigá-los

iluminamos o mundo
mas o mundo iluminado

é mais escuro
que a antiga ilusão sombria

somos menos injustos
mas é a nossa injustiça
que mais injustiça o mundo

nossa força maior
que nossa crença em nós:
morreremos fortes

mas não o bastante
para matar o inexistente:
não matamos deus, afinal

se, porém, não o fizéramos
deus não houvera

por que motivo outro
estaria morto?

somos culpados por matá-lo
e por não poder matá-lo

educadamente
nos recolhemos às nossas casas
(preferimos, agora
as construções modestas
os ideais médios
e os olhos baixos)

o designer

o rabo do rato
extensamente pelado
o bico de pato
do ornitorrinco
o andar patético
do pato
o pescoço de tronco
da girafa
o sono girado
e o voo cego
do morcego
a cegueira
da toupeira
os ovos de répteis
chocados na areia
os ovos de répteis
os répteis
o nariz serpenteante
do elefante
a moleza úmida
das lesmas
as fezes diarreicas
das aves
o cérebro das galinhas
a feiura dos abutres
a fome de carniça

as larvas de mosca
os vermes nas vísceras
as moscas
as larvas
os vermes
as vísceras

melhor um deus morto
do que um deus louco

rap branco

lágrimas são amargas porque não há doçura na dor

pompeia também era assim
velha vila a salvo
à sombra morna
da montanha sólida
que por acaso
desabrochou a grande flor do caos

pequenas flores
de calor
bocetas são agridoces:
não há doçura pura

a pura aspereza da dor

telefone então para a farmácia:
tudo se entrega na cidade

cidade-*delivery*
cidade entregue

aberta sobre o inseto do planeta
a noite é uma grande flor negra:
ao menos seus grãos de pólen
parecem estrelas

janelas acesas
vidas apagadas

é melhor se render aos fatos
antes que atirem em você

bala abstrata
entranhada na carne
a dor
sangra no cérebro

em mar aberto
japoneses matam
os mais magníficos animais
que jamais existiram
soberbas baleias
para que pronto se tornem
merda humana

tanta gente insana
(coágulos escuros nas estranhas)
porque foram crianças
nas mãos de gente um tanto insana

o que se quer
de uma mulher
é algum alívio para a dor
tantas vezes
por ela excitada

where is god
when i'm making love?

as asperezas da crença
não aparam as rugosidades do caos

se o mundo não parece mais
poder ser mudado
mude-se a si mesmo:
foi um chamado à cirurgia plástica

não há mais como ser como rimbaud
repudiar a poesia
e a europa:
pode-se repudiar a europa
e a poesia
mas grande porcaria

não tenho nada contra a poesia contemporânea:
se acaso achar algo nela, aviso

perigo:
risco de explosão do não-sentido

nas esquinas, mendigos
fazem um malabarismo distraído
com as moedas e os dias
enquanto malabaristas mendigam
centavos de atenção

a esponja do cérebro
não pode mais absorver
o dilúvio de loucura líquida

quando chove
a cidade alaga
seu caos seco

a computação em nuvem é o melhor reflexo
da cultura-espuma

a poesia contemporânea levou a obsolescência programada
[ao estado de arte

a renúncia do papa não me interessa
mas a dos poetas

"fora da igreja não há salvação":
dentro também não
principalmente para menores

"nenhum livro é tão ruim
que dele nada se aproveite"
disse santo agostinho:
naturalmente
ele não conhecia a poesia contemporânea

só há um mandamento:
"não faça a ninguém

o que não quer que lhe façam":
não exige deus
mas decência

a poesia brasileira vai muito pior que a igreja

o sexo é a melhor coisa do mundo depois das preliminares

flores sem caule
não se colhem com cortes
mas com sementes

laranjeiras têm flores brancas:
tão brancas quanto a luz do sol
no branco solar da pele branca
como pétala de flor de laranjeira

xoxotas têm pétalas roxas

se não existe poesia abstrata
ela que trate de dizer coisa com coisa

a líquida luz quente do sol
sobre o veludo frio da sombra

não há mais nada a dizer sobre o amor
além de que tudo
o que ainda seja dito
sobre o amor é bendito

o embate não é
entre fé e razão
mas entre fé e lucidez

o islã é uma religião de paz:
para quem duvidar
há a guerra santa

há uma guerra civil sutil no país

são paulo não é uma cidade
mas uma esperança, uma espera e um desespero

suicidas vegetarianos usam herbicida

flores caídas nas calçadas
nunca recolhidas

o sal da saudade só se tempera
com o açúcar do tato

o amor é o sexo abstrato
o sexo não é o amor concreto
o amor é concretamente líquido

a internet é uma máquina de liquefazer a timidez dos idiotas

entre a liberdade e a igualdade
a esquerda escolhe a segunda
a direita, a primeira:

uma prefere a ilusão
a outra, a mentira

a prosa pode ser ruim
e ainda conter uma história bem contada:
um poema ruim é uma conquista da física
puro punhado de nada

a tristeza é uma dor descarnada

não há mais contra o que se bater
ser beat hippie punk dark
anarquivanguardicomunista:
o seco ácido da realidade
derrete tudo

atenção:
chão escorregadio

atentos pombos pedestres
partem de prédios-pombais
fazem o que têm de fazer
incluindo muita merda
e logo retornam

a cidade teme
até a doçura da chuva

a chuva é o sêmen de deus:
a terra, sua boceta aberta

com sete bilhões de humanos no planeta
a solidão
é o animal mais ameaçado de extinção

o islã é a maior ameaça à paz dos muçulmanos

com sete bilhões de humanos no planeta
a solidão
é o segundo animal que mais prolifera

madrugada: o silêncio da cidade é áspero

o brasil poderia ser um grande país
não fosse sua pequenez

"somos feitos da matéria dos sonhos" (shakespeare):
a mesma dos pesadelos

se o inferno são os outros
o céu sou eu
ou a solidão
afinal a mesma coisa
igualmente infernal

don't matter where you are
everybody gonna
need some kind of ventilator

algum que ventile a dor

a poesia parou

se não há deus
só a vida importa

bitches

não deu

a revolução
não deu em nada

não deu em nada
a poesia
o rock'n'roll
cair na estrada
matar o papa
encher a cara
encarar a ressaca
atravessar os mares
descobrir a américa
ir até a lua
tentar a acupuntura
o fim da pintura
o novo começo
comprar outro carro
assinar a TV a cabo
saber onde o mundo acaba
a luta armada
a cultura de massa
o regime de fibras
o cinema francês
o novo romance
a antiga namorada

a esperança perdida
o sol da tarde
a safra tardia
o primeiro amor
não morrer cedo
acordar tarde
tratar as cáries
tentar a sorte
outro dia ameno
trabalhar menos
ter mais dinheiro
comprar pela internet
o novo sabor de sorvete
estar conectado
viver isolado
percorrer a cidade
cuidar da casa
passear pela praia
tirar o sapato
esquecer o passado
saber do holocausto
o fim do espetáculo
o novo formato
o cinema 3d
o lance de dados
a mudança de hábitos
a pintura da casa
a reforma política
o fim do socialismo
o tropicalismo

morar em copacabana
a revolução cubana
a bossa nova
a velha guarda
a cerveja em lata
o welfare state
a luta de classe
a sopa em pacote
chegar ao polo norte
a arte pop
escrever um blog
chorar pelos mortos
abrir uma estrada
lançar uma grife
vacinar contra a gripe
o verão em recife
assistir mais um filme
fundar uma ong
criar a onu
fazer a américa
desfazer o império
o fim da história
o fim da metafísica
o fim da razão
a queda da bastilha
a criação de brasília
o casamento da filha
o novo esporte
o medo da morte
ter dado tudo certo

o lance da dados
o golpe de sorte
se armar contra os danos
a dor do amor findo
se dar paz com a faca
o novo sonífero
o pesadelo da insônia
o sonho esquecido
a terra descoberta
a terra prometida
a palavra divina
saldar a dívida
o fim da infância
a alegria a alegria
a esperança e a glória
cuidar das feridas
o jantar em família
sair de casa
a noite passada
iluminar a cidade
voltar mais tarde
esperar pelo messias
a nova profecia
a morte do verso
o nascimento do filho
chorar sozinho
abraçar o budismo
fazer exercícios
desfazer os mal-entendidos
refazer as contas

contar com o destino
o fim do caminho
o fim da madrugada
o fim do encanto
o desencanto
a morte de deus
não deu
em nada
a lágrima amarga
o beijo da mulher amada
o orgasmo quando acaba
o amor quando se torna morno

apegar-se ao desapego

o enterro dos mortos
a terra seca sobre o sangue
as cinzas erguidas pelo vento
as rosas amarelas no jardim
a dor sem cor do medo

bad trip

o sexo é sempre um bom remédio
para o tédio

mas como o crack
bate tão forte
e rápido
quanto rápido e forte
acaba

"a cocaína dos pobres":
não pela pobreza
dos resultados
mas por ser de fato
mais barato:
cocaína (o sexo dos saciados)
misturada a bicarbonato

verdade cristalina:
o crack vale mais
a pena

porque mais puro:
seu preparo inclui
diluir a cocaína
em água destilada
com o bicarbonato
e fervê-la

porque se agregam
numa pequena pérola amarela
deixando diluído ou decantado
tudo que não os seja

porque o crack
se fuma
a cocaína se injeta ou cheira

no crack, em suma, se inala
uma diáfana fumaça branca
a imergir em branca e diáfana
euforia tranquila

como a fumaça
em seguida ela se dissipa

sua dissipação rematerializa
um mundo ainda mais denso

crack é quebra

em que a viagem começa
em que termina

a origem da saudade

lugar ermo
retiro
abandono
desamparo

tristeza
de quem sente a ausência
de pessoa ou coisa
a que está afeiçoado:

"do latim *solus* (só)
adjetivo e advérbio
derivam
no próprio latim

solitudini
e na baixa latinidade
solitate
que, sinônimos, significavam

lugar ermo
retiro
abandono
desamparo

tristeza
de quem sente a ausência

de pessoa ou coisa
a que está afeiçoado"

solitudini, solitate:
lugar ermo
abandono, desamparo
solidão, saudade

quando as palavras
se afastam

índice dos poemas

da importância, 11
um poema, 13
outro (cubismo sintético), 15
imitação, 17
alguma coisa, 19
o ovo, 21
instruções para sujar uma toalha branca, 23
quintal, 25
dia frio, 27
contra heráclito, 29
meio-fio, 31
a teia, 33
borodin no sofá, 35
blues, 37
jam, 39
ceia cinza, 41
na cozinha com mnemósine, 43
o, 45
anatomia da metafísica, 47
biografia, 49
porque não se digere a fome, 51
k.m.m., 53
passeio noturno, 55
passeio diurno, 59
contra heráclito 2, 61
drama, 63

natureza morta, 67
mercado de peixe no inverno, 69
marina, 71
litografia, 73
pequena geologia metafísica, 75
o demiurgo triste, 77
suma fisiológica, 79
a matéria da areia, 81
vagas, 83
a queda, 85
away, 89
tarde, 91
o líquen, 93
geometria geral da solidão, 95
noite branca, 97
beiral, 99
on the same old road, 103
le tableau, 105
a gosma dos dias, 109
o relógio de monet, 113
contra o idealismo, 115
a tela e a teia, 117
grei, 119
marx com amor, 121
silogismo, 125
out door, 127
história compacta mas completa do Brasil, 129
no deserto, 131
no mercado, 133
o renascimento da tragédia, 135

instruções para escrever um poema, 137
close reading, 143
open writting, 145
open writting 2, 147
red on white, 149
a névoa, 151
na estação, 153
em tempo de guerra e banalidade, 155
a lista de sendler, 159
o jardim, 165
o designer, 169
rap branco, 171
não deu, 181
bad trip, 187
a origem da saudade, 189

sobre o autor

Luis Dolhnikoff é autor dos livros de poemas *Pânico* (São Paulo, Expressão, 1986, apresentação Paulo Leminski), *Impressões digitais* (São Paulo, Olavobrás, 1990), *Microcosmo* (Olavobrás, 1991) e *Lodo* (São Paulo, Ateliê, 2009). Publicou ainda os volumes de contos *Os homens de ferro* (Olavobrás, 1992) e de poesia para crianças *A menina que media as palavras* (São Paulo, Quatro Cantos, 2013). Tem poemas publicados nas principais revistas literárias brasileiras, impressas e eletrônicas, além de *Tsé=tsé* 7/8 (Buenos Aires, outono 2000, número especial com trinta poetas brasileiros contemporâneos); *Hipnerotomaquia* (Cidade do México, Aldus, 2001); *Ratapallax* 11 (Nova York, spring 2004); *Mandorla – New writing from Americas* 8 (Illinois State University, 2005).

Traduziu Arquíloco (*Fragmentos*, São Paulo, Expressão, 1987), James Joyce (*Poemas*, São Paulo, Olavobrás, 1992, colaboração Marcelo Tápia), W. H. Auden, (Mais!, *Folha de S.Paulo*, 06/07/2003), Miguel de Cervantes (Mais!, *Folha de S.Paulo*, 14/11/2004, colaboração Josely V. Baptista), W. B. Yeats (Etc, Curitiba, jan. 2005), William Carlos Williams (*Sibila*, 2011) e Allen Ginsberg (*Uivo*, São Paulo, Globo, 2012 [versão integral]). Com Odiles Cisneros, da Universidade de Alberta, Canadá, prepara atualmente uma antologia de poesia canadense experimental para a editora da UFSC.

Ao lado de Haroldo de Campos, coorganizou, entre 1991 e 1994, o Bloomsday de São Paulo (homenagem anual a James Joyce). Integrou a exposição "A Palavra Extrapolada" (São Paulo, SESC Pompeia, ago.-set. 2003), curadoria Inês Raphaelian, e a mostra "Desenhos", de Francisco Faria (Museu Oscar Niemeyer, Curitiba, mar. 2005/ Instituto Tomie Ohtake, São Paulo, set.-dez. 2005). Colaborou com os jornais O Estado de S. Paulo, A Notícia, Diário Catarinense, Gazeta do Povo, Clarín e Folha de S.Paulo, além das revistas Sibila e Babel, e das publicações eletrônicas Sibila, Germina, Digestivo Cultural e TriploV (Portugal). Recebeu, em 2005, uma Bolsa Vitae de Artes para estudar a obra do poeta Pedro Xisto. Em 2015, organizou e coeditou a Poesia completa de Orides Fontela (São Paulo, Hedra). Conclui atualmente sua coletânea de crítica literária, A exuberante irrelevância da poesia brasileira contemporânea.

Copyright © 2015 by Luis Dolhnikoff
Copyright do prefácio © 2015 by Aurora Bernardini

Grafia conforme o Acordo Ortográfico da Língua Portuguesa

PROJETO GRÁFICO
Rosana Martinelli

CAPA
Rosana Martinelli e Luiz Laercio P. Barbosa

FOTO DE CAPA
© Luiz Laercio P. Barbosa

REVISÃO
Renato Potenza Rodrigues e Vivian Miwa Matsushita

Dados Internacionais de Catalogação na Publicação (CIP)
(Câmara Brasileira do Livro, SP, Brasil)

Dolhnikoff, Luis
  As rugosidades do caos / Luis Dolhnikoff. — 1ª ed. — São Paulo: Quatro Cantos, 2015.

  ISBN 978-85-65850-17-9

  1. Poesia brasileira. I. Título.

15-08263   CDD-869.1

Índice para catálogo sistemático:
1. Poesia : Literatura brasileira   869.1

Todos os direitos desta edição reservados em nome de:
RODRIGUES & RODRIGUES EDITORA LTDA. — EPP
Rua Irmã Pia, 422 — Cj. 102
05335-050
São Paulo — SP
Tel (11) 2679-3157
Fax (11) 2679-2042
www.editoraquatrocantos.com.br
atendimento@editoraquatrocantos.com.br

composição: Verba Editorial
impressão e acabamento: Prol Editora Gráfica
papel da capa: Supremo Duo Design 350g/m²
papel do miolo: Alta Alvura 90 g/m²
tipologia: Joanna MT
novembro de 2015

A marca FSC® é a garantia de que a madeira utilizada na fabricação do papel deste livro provém de florestas que foram gerenciadas de maneira ambientalmente correta, socialmente justa e economicamente viável, além de outras fontes de origem controlada.